NOTE

SITUATION DE L'ESPAGNE.

NOTE

SUR LA

SITUATION DE L'ESPAGNE.

PARIS,

J. G. DENTU, IMPRIMEUR-LIBRAIRE,

RUE DES PETITS-AUGUSTINS, N° 5.

MDCCCXXIV.

NOTE

SUR LA

SITUATION DE L'ESPAGNE.

—

La situation de l'Espagne est affreuse ; abandonnée par nous, cette vaste monarchie, autrefois si puissante, tombe et s'écroule, si la main de Dieu ne s'étend point sur elle pour la secourir. Les maux auxquels elle est en ce moment en proie paraissent déjà bien grands, mais ceux qui la menacent le sont davantage : son avenir est effrayant.

D'où lui vient cette situation presque désespérée? Il doit en coûter, il en coûte à un Français de le dire. Elle vient de nous, nous l'avons faite ce qu'elle est. Nous avons placé l'Espagne sur le bord de l'abîme, et nous l'y laissons! Un ministre recule devant son ouvrage; que dis-je? il est prêt à nier qu'il soit le sien ; il est prêt à déclarer qu'il est étranger aux malheurs de l'Espagne ; il n'est pour rien dans tout ce qui s'y est fait depuis dix-huit mois ; ce sont autant de choses qui ne le regardent point, et dont on aurait tort de vouloir lui demander compte.

Il importe que la vérité soit enfin connue ; notre honneur national, les plus grands intérêts de la politique l'exigent. La tâche que je me suis imposée sera pénible, je le sais, mais en la remplissant je croirai m'acquitter d'un devoir. J'exposerai les faits, je mettrai au grand jour une *partie* des fautes que l'on a commises, les résultats qu'elles ont amenés ; je serai exact et vrai ; le public, suffisamment instruit, pourra juger en parfaite connaissance de cause les hommes et les choses.

Toutefois, en présence d'un danger que je regarde comme imminent, dominé par cette seule pensée, bien triste, mais dont j'ai la conviction profonde, qu'une catastrophe est inévitable si nous persistons à rester dans la voie déplorable où nous marchons depuis long-temps, il m'est impossible de donner à cet écrit les développemens politiques qu'il semblerait annoncer. Pour satisfaire les hommes que l'étendue de leurs lumières rend, à

bon droit, difficiles, il faudrait, je ne l'i-
gnore pas, prendre la question de très-haut,
remonter aux causes premières. Mais la question est immense ; elle embrasse des intérêts
divers et très-compliqués. Pour en faire sentir
l'importance au plus grand nombre, il faudrait lui présenter successivement les hautes
considérations par lesquelles, dès l'origine,
un véritable homme d'Etat se serait déter-
miné. Alors ce ne serait pas seulement de
l'Espagne, de la France que je devrais parler,
mais de l'Europe.

Le moment serait trop mal choisi. Il ne
s'agit plus de poser ni de discuter des principes, mais bien de montrer de quelles conséquences l'ignorance absolue ou le mépris des
principes ont été suivis ; il s'agit de savoir
si, après avoir compromis l'existence de l'Espagne par le double emploi de la faiblesse et
de la violence, nous nous tiendrons à dis-
tance pour la regarder périr, et voir ceux
qui l'habitent s'entre-déchirer. La question
espagnole, considérée isolément, est, on le
voit, toute palpitante ; il faut avoir le courage de l'aborder.

M. de Villèle ne voulait point la guerre, on
l'a dit cent fois ; mais c'est aujourd'hui sur-

tout qu'il convient de le répéter, parce que l'évènement prouve, avec une autorité irrésistible, combien fut grand le premier tort du ministre dirigeant, combien étaient fondées les craintes qu'il fit naître dans l'esprit des hommes assez éclairés pour en prévoir les suites.

Ce tort ne consiste pas dans une résistance opiniâtre au parti de la guerre ; on peut ne voir là qu'une opinion ; elle annonçait sans doute une grande faiblesse de vues, une extrême débilité politique, elle donnait la mesure du génie d'un ministre ; mais enfin c'était une opinion, et les opinions, même les plus fausses, ne peuvent être imputées à crime, lorsque rien n'indique que les intentions soient reprochables. Mais ne pas vouloir une guerre, faire pour l'empêcher des efforts dont l'avenir seul dévoilera l'étendue, puis se charger de la conduire ; prendre sur soi l'exécution d'une mesure que l'on jugeait mauvaise, et que l'on avait condamnée ; voilà le véritable tort : il est immense. L'Espagne, la France, la postérité le reprocheront amèrement au ministre qui se l'est donné.

Qu'on se rappelle la série des faits qui ont précédé l'invasion. Dans la conduite des affaires humaines, tout se lie, tout s'enchaîne ; une faute conduit à des fautes, une pensée mauvaise amène des résultats mauvais ; *c'est l'arbre qui porte son fruit* (1). Dans la Catalogne, qui court aux armes, M. de Villèle refuse de voir une nouvelle Vendée ; dans le baron d'Eroles un nouveau Larochejaquelein. Il s'enveloppe d'une cruelle impartialité ; la fidélité, la révolte mises par lui dans la balance, sont trouvées par lui d'un poids égal ; il les traite avec une égale indifférence. Des royalistes se présentent à la frontière ; s'ils ont des armes, il les leur fait retirer ; presque nuds, sans asile, exténués de besoins, c'est la pitié publique qui les couvre, qui les loge, qui les nourrit. Cependant, comme les royalistes espagnols, les royalistes français ont été malheureux, comme eux ils ont souffert ; la cause était la même ; et c'est des rangs de ces royalistes que le ministre est sorti ! Dans une de ces occasions où le cœur seul doit donner conseil, où il n'y a aucun danger à l'écouter, il consulte froidement des règles de droit public, et ne sait pas même les appliquer avec justesse.

---

(1) Mot de M. de Villèle.

Pendant que ces choses se passent devers les Pyrénées, un spectacle non moins déplorable nous est ailleurs donné. Un ambassadeur anglais sort du conseil des rois, où cette fois il n'a point trouvé sa place accoutumée, parce qu'il était chargé de représenter des intérêts qui n'étaient plus ceux de l'Europe. Il espère trouver près de notre ministre un plus facile accès ; son attente n'est point trompée. Les résolutions arrêtées à Vérone sont infirmées à Paris ; on se sépare de l'alliance ; dès lors notre dignité, si bien ménagée par un illustre plénipotentiaire, se trouve compromise. Nous sommes exposés à descendre de la position élevée où nous avait placés une politique sage, loyale, éclairée ; des injonctions dures peuvent nous être faites, on peut nous demander impérieusement de remplir des engagemens que nous avions pris d'abord avec une parfaite indépendance, et dans un intérêt déclaré commun aux diverses parties contractantes. Nous essayons de traiter à Madrid avec la révolution ; heureusement elle se montre insensée ; nous ne lui demandons rien, mais ce rien elle refuse de nous l'accorder, et un homme d'État est tout surpris d'apprendre

que les révolutions faites avec des baïonnettes ne reculent que devant des baïonnettes.

Enfin la fortune de la monarchie l'em-
porte sur la faiblesse de son ministre. Ce
dernier, placé entre deux grands périls, l'un
qui consiste à perdre son portefeuille, l'autre à faire une guerre qu'il ne voulait pas,
se décide pour celui des deux qu'il juge sans
doute le moindre. La guerre désormais ne
peut plus être douteuse ; il y va de l'intérêt
d'un homme !

Une armée impatiente de gloire et de fidélité franchit nos frontières ; un fils de France,
le Dauphin, la commande. Il entre d'un pas
ferme dans la carrière, et la parcourt avec
un bonheur, une habileté qu'eussent pu en-
vier ses plus glorieux ancêtres. Avant de
faire la conquête de l'Espagne, il fait, dès
les premiers jours, celle de son armée ; elle
est à lui, et sur le champ il lui imprime un
caractère absolument nouveau. Car ce n'est
pas la valeur de nos soldats qu'il faut faire
remarquer ici : qui ne l'aurait garantie à l'a-
vance ? Ce n'est pas non plus leur fidélité :
un ministre est du petit nombre de ceux
qui en aient douté. C'est une discipline si
belle, que l'on n'en trouverait peut-être pas

un autre exemple dans l'histoire ; si parfaite, que l'étranger jaloux n'a pu lui refuser
le tribut de son admiration. Notre Prince le
voulait ainsi, et nos Bourbons font tout ce
qu'ils veulent.

La conduite qu'a tenue l'armée d'Angoulême en Espagne y laissera des souvenirs
qui ne s'effaceront jamais ; le nom du soldat
français y sera respecté ; l'honneur de nos
armes est demeuré intact. Combien nous
devons nous en applaudir aujourd'hui ! c'est
le seul avantage que nous soyons certains de
conserver.

Le Prince, on le sait, méprise les louanges
qu'osent lui adresser des écrivains merce-
naires : des éloges qui partent de si bas bles-
sent son noble cœur ; mais il ne dédaigne pas
un pur hommage. J'ose mettre le mien à ses
pieds.

Immédiatement après avoir effectué la libé-
ration du roi, Mgr le Dauphin quitta l'Espagne.
Il faut bien l'avouer, Son Altesse royale crut
avoir à se plaindre, mais elle ne se plaignit
point : ce n'est pas à des Français qu'il faut
en dire la raison.

Le Prince, dans le cours de la guerre,
avait pris des engagemens ; ils tenaient de

plus près aux opérations militaires qu'à la politique ; ils étaient exprimés par des *capitulations*. Dans le premier moment on refusa de les reconnaître. Mais je dois déclarer que ce n'était pas une résolution définitive : je suis persuadé, au contraire, que le roi d'Espagne ne se serait pas refusé à donner à son auguste parent la satisfaction qu'il était en droit de réclamer, et je pense, d'un autre côté, que le Prince français eût consenti à des modifications dont la nécessité politique lui aurait été démontrée.

Quoi qu'il en soit, cette première difficulté, très-fâcheuse sans doute, n'a eu aucune influence sur les évènemens postérieurs. Je dirai plus, le ministre l'a toujours traitée fort légèrement. Comme il a peu insisté sur ce point, le cabinet espagnol a pu croire que l'on n'y tenait pas beaucoup ; et il lui a été facile de s'apercevoir bientôt qu'à certaines conditions d'une nature bien différente, il serait fait bon marché de ces capitulations, où le Prince voyait avec infiniment de raison sa dignité compromise.

Le départ de Son Altesse royale me conduit à établir une vérité essentielle, et qu'il faudra ne point perdre de vue. C'est qu'au moment où Monseigneur rentrait en France (1), la situation générale des affaires en Espagne était bonne (du moins d'une bonté relative). M. de Villèle pouvait agir librement, prendre un parti quelconque, pourvu qu'il pût être avoué, le suivre, et s'en promettre des résultats satisfaisans. Aucun obstacle qu'il pût considérer comme insurmontable ne s'élevait devant lui ; la question était encore entière, il pouvait s'en rendre maître. C'est bien ce qu'il a voulu faire, mais quand ? comment ? dans quelle pensée ? que s'ensuit-il aujourd'hui ? Voilà des choses dont il importe de se rendre compte. Je vais les exposer rapidement.

Le premier acte de Sa Majesté catholique fut d'adopter le ministère de la régence ; si on le juge par comparaison avec ceux qui l'on suivi, on trouvera qu'il était très-bon ; il était du moins composé de royalistes, et il me semble que, dans une monarchie, ce titre-là doit être pris en quelque considération. Le premier ministre, don V. Saez, est un honnête homme ; on pouvait espérer

---

(1) Dès ce moment, le Prince a voulu demeurer tout à fait étranger aux affaires d'Espagne ; M. de Villèle s'en est attribué exclusivement la direction.

eaucoup de sa droiture et de son entier
évouement à la cause royale ; ses collègues,
IM. Garcia de la Torre , Saint-Juan , Sal-
azar et Erro étaient des hommes éclairés
t d'opinions fort sages , les trois premiers
urtout ; il est probable qu'avec ce ministère,
es affaires auraient fini par s'arranger à
iotre satisfaction , après quelques tiraille-
nens inévitables dans les conjonctures difficiles où se trouvait placé le gouvernement
lu roi Ferdinand.

Peu de temps après l'entrée de ce prince dans
sa capitale, le ministère Saez fut renversé. Cet
évènement a changé la face des affaires, et
notamment notre position vis-à-vis de l'Espagne ; il a rendu plus sensible un état de
choses que l'on peut considérer comme un
véritable phénomène politique. Il s'agit de
l'influence russe dans la péninsule.

Nous sommes en contact immédiat avec
l'Espagne ; les deux maisons royales sont du
même sang. Nous avons délivré ce pays ; cent
mille de nos soldats l'ont occupé ; la guerre
terminée, nous y avons maintenu quarante
mille hommes. Notre influence devrait y être
grande, plus grande au moins que celle d'aucun autre Etat. Il n'en est pas ainsi ; une puis-

sance acculée aux extrémités de l'Europe, qui n'a donné à l'Espagne ni un soldat ni un écu ; la Russie exerce cette influence : je ne dis pas qu'elle la partage avec nous ; elle la possède seule, à l'exclusion de la France.

Une situation aussi étrange ne peut être expliquée que par l'ensemble des faits qui ont précédé l'invasion. Les Espagnols ne les connaissent que trop bien ; ils les ont discutés, commentés. Ils savent quelle hésitation nous avons mise à nous décider, combien nous avons fait d'efforts pour nous soustraire à la nécessité de déclarer la guerre ; ils rappellent souvent cette note que nous avons adressée aux cortès, et qui restera comme un monument de faiblesse et d'impéritie ; bien plus, ils citent les propres paroles du ministre français. La voix qui part de la tribune s'étend au loin ; M. de Villèle a eu la malheureuse pensée de nous menacer de l'étranger ; il nous a montré la Russie disposée à nous dicter des lois, prête *à nous pousser de nos frontières du nord vers celles du midi.* Ce mot a franchi les Pyrénées ; il a fait en Espagne une triste fortune. Enfin, de tout cela il est résulté une opinion si généralement répandue, que depuis le roi jusqu'au dernier de ses sujets, il n'y a peut-être pas un Espagnol qui ne la partage, opinion à la fois si fausse et si humiliante pour nous. « Nous n'avons été (disent-ils) que les exécuteurs des volontés de la Russie ; la résolution que nous avons prise avec tant de répugnance nous était imposée. »

Des Français d'un rang élevé, des militaires surtout, naturellement plus disposés à se montrer indignés d'une telle prévention, ont tenté cent fois de la détruire ; ils n'ont pu y parvenir, et il faut bien avouer que plusieurs causes ont contribué à la faire naître, puis ensuite à la fortifier.

La formation du ministère qui a remplacé celui de M. Saez acheva de l'accréditer ; ce changement fut l'ouvrage du ministre russe (M. le comte Pozzo di Borgo). Non seulement notre cabinet ne fut pas consulté, mais notre ambassadeur ne fut pas même averti ; il en apprit la nouvelle, comme tout le monde, par la voie des journaux.

Sous plus d'un rapport, ce changement a été funeste aux intérêts de l'Espagne et de la France. Relativement à nous, j'en ai indiqué la raison. Les nouveaux choix, en donnant des espérances aux libéraux, déplurent ex-

trêmement aux royalistes et au clergé. Quant
aux premiers, ils ne tardèrent pas à être dé
sabusés, car ils ont été bien plus violemment persécutés sous le ministère de M. le
comte d'Ofalia que sous M. V. Saez, parce que
ceux qui le composaient, déjà suspects par
leurs antécédens, durent s'observer beaucoup pour ne pas donner d'ombrage aux
royalistes ; nouvelle preuve en faveur de
cette importante vérité politique, qu'il n'y a
point de modération là où il n'y a point de
force, et que des ministres qui n'offrent point
par eux-mêmes de garantie au parti dominant,
sont réduits à en chercher dans les violences
qu'ils exercent sur le parti opposé.

Les nouveaux ministres n'avaient aucune
consistance personnelle ; le seul d'entre eux
qui eût quelque réputation au-dehors, M. de
Casa-Irujo, mourut peu de temps après sa
nomination, et fut remplacé dans la prési-
dence par le comte d'Ofalia, dont le portefeuille passa à M. Calamarde, personnage
obscur et de talens médiocres. Ce ministère,
malgré l'influence à laquelle il devait sa créa-
tion, ne trouvait personne pour le soutenir ; en butte à une réprobation générale, sa
chute était prochaine, chacun la prévoyait.

Dans cette occurrence, le simple bon sens (sans parler de ce que nous devions à notre dignité compromise) voulait que notre cabinet abandonnât à lui-même ce triste ministère. C'est ce qu'il fit en effet pendant deux mois ; mais tout à coup, et au grand étonnement de tout le monde, il changea de système, et devint le protecteur déclaré d'un ministère qui, pour la première fois depuis sa formation, trouvait un appui. Il était difficile de faire une faute plus grande.

Les Espagnols, toujours disposés à tout rapporter à la Russie, furent persuadés que l'ascendant irrésistible de cette puissance avait amené une résolution aussi inattendue ; ils pensèrent, et la plupart pensent encore aujourd'hui que, dans l'espace de deux mois qui s'était écoulé, une note était arrivée de Pétersbourg, enjoignant au cabinet français de soutenir le ministère espagnol qu'avait formé l'ambassadeur de Sa Majesté impériale.

Cette supposition se présentait assez naturellement ; elle était fausse cependant, et c'est ailleurs qu'il faut chercher le véritable motif auquel doit être attribuée l'étrange détermination prise par le ministre français.

Notre gouvernement avait fait des avances d'argent à celui de Sa Majesté catholique ; il demandait que la dette contractée fût reconnue. La demande était juste en apparence ; toutefois elle souffrit, et j'ajoute qu'elle devait souffrir beaucoup de difficultés.

M. de Villèle exigeait une reconnaissance de 34 millions ; mais à l'appui de sa réclamation, il ne présentait de pièces justificatives que jusqu'à concurrence d'une somme de 21 millions. L'affaire fut portée au conseil du roi, et discutée en présence de Sa Majesté, avec une convenance parfaite ; le caractère espagnol déploya dans cette circonstance tout ce qu'il a de noble et d'élevé. « Si la France, y dit-on, réclame une somme de 34 millions pour prix des services qu'elle nous a rendus, c'est trop peu ; nous devons payer sans examen, nous n'avons aucun titre à demander ; mais s'il s'agit seulement d'avances faites au gouvernement du roi, le cabinet français se doit à lui-même de présenter sa réclamation d'une manière régulière, dans les formes usitées, avec production de pièces constatant le montant de ses avances. »

De telles observations étaient assurément

bien fondées ; le langage était mesuré, la résistance légitime. M. de Villèle s'en irrita ; les difficultés s'accrurent, la question se compliqua ; elle finit par changer de nature. Voyons d'abord quelle en fut la solution.

Le ministère espagnol, dont la position, je l'ai déjà dit, était désespérée, comprit tout le parti qu'il pouvait tirer de ce malheureux différend, dans l'intérêt de sa propre conservation. Notre ministre ne refusa pas de se prêter à cette combinaison ; les deux faiblesses s'entendirent, se coalisèrent. Le comte d'Ofalia fit admettre la réclamation.

M. de Villèle obtint la reconnaissance intégrale de 34 millions qu'il avait exigée, sans autre justification que celle qu'il avait bien voulu donner d'abord ; en retour de ce bon office, protégé par lui (mais au nom du gouvernement du roi de France), le ministère qui s'écroulait vit son existence prolongée, sans être pour cela moins discrédité.

Arrêtons-nous ici un moment : car c'est encore ici un point de départ, et je ne puis m'empêcher de faire remarquer à ce sujet, que si l'on suivait avec soin M. de Villèle dans sa carrière politique, on verrait que ce *ministre* (car c'est du ministre seulement

que j'entends parler)., après avoir fait dans
dix occasions des fautes énormes , a eu le
bonheur bien rare de se trouver presque
toujours à temps pour les réparer; et de
pouvoir par-là concilier son devoir avec ses
véritables intérêts ; il n'a jamais voulu , ou,
si l'on aime mieux, il n'a jamais su voir qu'il
pouvait le faire ; il a constamment persévéré
dans l'erreur : il est difficile, à la longue, de
s'y trouver bien. Sans sortir de l'Espagne ,
celle que je viens d'exposer l'a mené loin ,
beaucoup plus loin, j'aime à le croire, qu'il
ne s'y était attendu.

Il faut l'envisager sous deux aspects diffé-
rens. Premièrement, l'affaire des 34 millions
a été déplorable ; la manière dont on l'a
traitée , la solution qui s'en est suivie, les
moyens et les hommes que l'on a employés
pour l'obtenir, tout cela, dis-je, était également indigne de nous ; tout cela, dans l'esprit
des hommes honorables , dont le nombre est
encore grand en Espagne, nous a nui , sous
des rapports que j'oserais à peine indiquer.
En effet, en exigeant la reconnaissance d'une
somme beaucoup plus forte que celle que
nous prouvions nous être due , nous don-
nions en quelque sorte le droit de suspecter

notre droiture, notre intégrité ; nous paraissions vouloir extorquer à l'Espagne une misérable somme de 13 millions. En se la laissant arracher, elle pouvait se croire à l'avenir dégagée de toute reconnaissance envers nous. En définitive, on conviendra que c'était acheter cher une simple reconnaissance.

Et encore, pour arriver à ce résultat, que d'efforts n'a-t-on pas dû faire ! et quels efforts ! A quels excès ne s'est-on pas porté ! quel langage a-t-on tenu ! et pour 13 millions dont on ne voulait pas, ou dont on ne pouvait pas justifier l'emploi ! On a oublié que l'Espagne est notre alliée naturelle, nécessaire ; on a oublié que son roi est du sang de nos rois, que par-delà les Pyrénées, les lis fleurissent aussi. Ce que la menace a de plus violent, l'injonction de plus dur, a été mis en usage. On a parlé de retirer l'armée d'occupation ! on a signifié à Ferdinand qu'il eût à souscrire la reconnaissance exigée, ou à se préparer *immédiatement* à voir les Français l'abandonner et évacuer l'Espagne ; dût-elle en *craquer,* c'est l'expression dont on s'est servi ! et pourquoi ? vous le savez, pour 13 millions !

Au fond, que voulait-on? La menace était-
elle réelle ? avait-on l'intention de l'effectuer ? Eh ! quoi, pour un peu d'argent on
allait donc livrer l'Espagne à une révolution
nouvelle ? on allait s'exposer à la nécessité
d'y rentrer avec cent millions et cent mille
hommes ! N'était-ce qu'un jeu ? voulait-on
seulement intimider le roi ? Alors, quelle in-
dignité ! on abusait de la triste situation où
se trouvaient le monarque et son peuple ! on
n'était plus un allié, un ami ; l'on ne secou-
rait plus, on opprimait !

Mais laissons là cette honteuse affaire, ou
voyons-la ; du moins par un autre côté, il ne
sera pas aussi odieux sans doute, mais nous
aurons encore un grand tort à signaler.

Le ministère espagnol formé sans notre
participation, était livré à la haine des royalistes et au mépris des constitutionnels, qui
ne lui pardonnaient pas son impuissance ;
en l'adoptant dans cet état, en le soutenant
contre le vœu général, le ministre français
porta le dernier coup à notre considération ;
de ce moment, en effet, elle fut complètement perdue. De plus, il compromit d'une
manière grave les intérêts de l'Espagne ; il
lui imposait par le fait de mauvais ministres,

et la privait des ministres plus capables, plus estimés, qui les auraient remplacés. Ainsi, dans le même moment, il exigeait de l'Espagne plus d'argent qu'elle ne croyait en devoir; il empêchait que des hommes de mérite ne fussent appelés à la servir, dans la crainte qu'ils ne devinssent un obstacle à ses desseins; enfin, il s'apprêtait à lui fermer la ressource des emprunts qu'il n'aurait pas préparés; et cependant, M. de Villèle dit et dira qu'il n'est point intervenu dans les affaires d'Espagne !

J'ai dû insister sur ce premier point; ce n'est pas sans raison; la situation dans laquelle M. de Villèle se plaça à cette époque s'est prolongée jusqu'à ce jour : le ministère espagnol, modifié dans quelques-unes de ses parties, est au fond resté le même : notre ministre n'a pas cessé de s'appuyer sur sa faiblesse, il a cru en tirer quelque chose, et en cela il s'est encore trompé.

Je dois répondre ici à une objection qui se présente d'elle-même : j'ai parlé d'une influence russe agissant à l'exclusion de la nôtre; cependant j'établis, d'un autre côté, que M. de Villèle a souvent exercé une action immédiate sur les résolutions du cabinet espagnol. Il n'y a point là de contradiction ; seulement il faut s'expliquer. L'influence russe était fondée sur la confiance qu'inspirait son gouvernement, sur l'idée qu'on s'était faite de sa force et de sa bonne volonté : elle *était consentie*. La nôtre fut constamment *imposée*. Trouvait-on de la résistance, on parlait de retirer les troupes ; *alors on influait*. Voilà la différence, et il me semble qu'elle est notable.

Je crois qu'il convient encore d'examiner actuellement d'autres objections assez sérieuses, et sur lesquelles l'opinion publique demande à être éclairée.

Pouvait-on tirer un meilleur parti de l'Espagne dans l'état où elle se trouvait? Pouvait-on faire mieux ou moins mal que l'on n'a fait? Un ministre dirigeant qui eût apporté dans la conduite des affaires, des idées, des vues différentes de celles particulières à M. le président du conseil, qui eût montré de l'habileté et de la droiture, de la douceur à la fois et de la fermeté ; ce ministre, dis-je, aurait-il pu se flatter d'arriver à une conclusion heureuse et honorable? aurait-il pu faire quelque chose d'utile et de durable dans l'intérêt des deux Etats?

A ces questions, je ne fais pas la moindre difficulté de répondre par l'affirmative, et je prie de croire que je ne m'y décide pas légèrement.

L'essentiel était d'avoir un but fixe, un plan arrêté, un système à soi; et veuillez remarquer que je ne dis pas tel plan, tel système; car lorsqu'une position politique est embarrassée, ce qui importe avant tout n'est pas précisément de savoir prendre le parti le meilleur, mais bien de savoir prendre un parti quelconque. Les Espagnols ne nous contestaient pas le droit de nous mêler de leurs affaires; ils le reconnaissaient au contraire, et désiraient ardemment nous en voir faire usage, persuadés que si nous les abandonnions à eux-mêmes, ils étaient perdus. On eût fait en Espagne tout ce que l'on aurait voulu, à la seule condition de n'y rien vouloir qui fût évidemment injuste, rien qui pût blesser d'une manière trop sensible les idées généralement reçues dans le parti royaliste ; il se compose de la grande masse du peuple ; le clergé exerce sur elle un ascendant prodigieux : c'est lui qui arma le pays contre Buonaparte, c'est lui qui le désarma devant Mgr le duc d'Angoulême ; c'est une force enfin, et il me semble que l'homme d'Etat doit chercher la force là où elle est. M. de Villèle s'y est refusé, non pas par antipathie pour ce corps, ni par un sentiment anti-religieux, mais seulement par calcul. Le clergé eût demandé d'abord, et eût présenté au besoin, pour former le ministère, des hommes purs et éclairés, des hommes de mérite ; ils sont rares en Espagne comme partout ailleurs ; mais il y en a, et il ne fallait que vouloir les chercher. Le ministre n'avait garde ; les supériorités lui font peur, nous en savons quelque chose : il a fait en Espagne ce que nous lui avons vu faire en France depuis trois ans ; il a trouvé plus commode de s'entendre avec des nullités ; il s'est flatté de les employer à faire réussir son projet favori, le seul auquel il ait attaché une sérieuse importance.

En définitive, exercer une influence forte et soutenue sur un gouvernement étranger, sera toujours une entreprise très-difficile ; elle exige une grande connaissance des hommes et des affaires. Cette connaissance a manqué complètement à M. de Villèle ; il n'a pas voulu l'acquérir, et ce qui est plus fâcheux, il n'a pas voulu écouter ceux qui la possédaient ; il a cru tout mener par la violence ; il n'a rien mené en réalité, et il a fini par tout perdre. Lorsqu'on a essayé de lui faire comprendre l'Espagne, les mœurs de ses habitans, leurs préjugés profondément enracinés, les qualités bonnes ou mauvaises qui les caractérisent, et en font un peuple à part, il a montré un étonnement étrange, et n'a pas trouvé dans son génie de réflexion plus profonde, de réponse plus politique que celle exprimée par ces mots : *Voilà un drôle de peuple !* C'est, avec infiniment moins d'élégance et d'originalité, le mot que Montesquieu met dans la bouche de nos jolies femmes : *Comment peut-on être Persan ?*

M. de Villèle n'a pu concevoir qu'il y eût des Espagnols au monde : il eût mieux fait, dans ce cas, de ne point s'en occuper. Si l'on fût resté à leur égard dans une inaction complète, il n'eût jamais pu arriver pis que ce que nous voyons aujourd'hui ; mais notre dignité du moins eût été ménagée. La seule présence de nos troupes était imposante ; notre silence l'eût été peut-être aussi. Les Espagnols auraient pu le considérer comme un avertissement salutaire, comme un signe d'improbation des mesures dangereuses prises devant nous, mais sans notre aveu.

Nous n'avons pas même eu cette espèce de sagesse qui consiste quelquefois dans l'immobilité. Nous nous sommes agités en tous sens pour ne rien produire. Nous n'avons agi que comme obstacle ; nous n'avons déployé qu'une force d'inertie. Nous n'avons rien fait, mais nous avons empêché de faire. Nous nous sommes trouvés sur le chemin de tout le monde, afin de ne pas laisser arriver ceux qui nous faisaient ombrage, et dont nous aurions eu à redouter le zèle, les lumières, la fermeté. Nous avons tâté les hommes de tous les partis, et puis nous les avons laissés là. Nous avons entamé vingt affaires sans en mener une seule à bien. Des engagemens avaient été pris avec nous par des personnes très-respectables qui avaient répondu d'une manière fort satisfaisante à des ouvertures précises ; nous avons subitement rompu, parce que nous trouvions des ministres disposés à nous faire bon marché de l'honneur et des intérêts de leur pays (1).

____

(1) Lors de l'affaire des 34 millions. C'est avant sa con-

Que pouvions-nous espérer d'une telle conduite? que devait-il en advenir? et qu'en est-
il advenu? Nous évacuons l'Espagne, et nous
laissons derrière nous des souvenirs cruels
et honteux. Cependant le drapeau était là !
une gloire récente nous protégeait ! avec
quarante mille hommes et le nom de la
France, notre rôle était superbe ; nous n'a-
vons joué qu'un rôle ignoble. Nous avons
usé l'honorable influence qui nous était dé-
volue dans des manœuvres sourdes, dans
de petites intrigues ; nous avons révélé à
l'Espagne le triste secret de notre impuissance et de notre nullité politique. Tour à
tour violens ou faibles, nous avons également
ment blessé les hommes d'opinions oppo-
sées, nous nous sommes mis à dos les royalistes et les constitutionnels ; enfin, nous n'a-
vons pas su nous faire aimer ; mais, ce qui est
plus fâcheux, nous n'avons pas su nous faire
respecter. Nous sortirons du pays, chargés
de la haine et du mépris de ses habitans.

Qu'on ne vienne donc pas nous parler des

---

clusion que nous avions pris les engagemens dont je parle,
et dont nous pouvions nous promettre les plus heureux
effets.

difficultés que l'on y a rencontrées ; qu'on n'essaie pas d'attribuer à des causes étrangères, la honte et les malheurs que l'on a produits ; qu'on ne présente pas sa propre incapacité comme étant la dernière limite du possible : on a semé, on a recueilli, l'*arbre a porté son fruit*. Voilà ce qui est vrai ; tout ce qui ne sera point cela sera mensonge.

On s'attend sans doute, dans un écrit sur l'Espagne, à me voir dire quelque chose de son roi. En effet, je ne puis m'en dispenser ; mais c'est ici la partie la plus délicate de la tâche que je me suis imposée ; non pas à cause du roi, comme on pourrait le croire ; mais il me faut parler de la conduite du ministre français envers ce monarque ; elle est fortement reprochable (je me sers d'une expression bien douce) ; elle l'est à ce point, que si je n'avais pas la certitude des faits, je ne me croirais pas permis de les révéler.

Par le temps qui court, ce n'est point la coutume de flatter les rois ; aussi n'ai-je pas dessein de flatter Ferdinand ; mais je ne me crois pas obligé de l'accuser. Comme tous les princes malheureux, il a été jugé très-sévèrement. On lui a imputé des fautes qui n'étaient point les siennes. En général, on a

en Europe une idée très-fausse de son caractère. Entouré de piéges dès sa plus tendre
jeunesse, exposé aux plus noirs complots,
il a dû naturellement se montrer soupçon-
neux; trompé successivement par tous les
hommes en qui il avait placé sa confiance, il
a fini par ne tenir à aucun, et se montrer
très-disposé à abandonner ses conseillers
pour en prendre d'autres qui lui étaient
proposés, et sur lesquels il ne comptait pas
davantage. Ferdinand aurait d'excellens ministres si on lui en avait présenté de tels;
c'est ce que nous aurions dû faire, et ce que
nous n'avons pas fait : on sait pourquoi.

Cependant ce prince est du sang de nos
rois, et plusieurs des hautes qualités qui
caractérisent les Bourbons ne lui sont pas
étrangères. Il a le sentiment de sa dignité.
Il aime son peuple, il voudrait le voir heureux, et ne refuserait jamais d'adopter les
résolutions par lesquelles il pourrait espérer
de voir ce désir accompli. Il a plus de courage personnel que ne le pensent ses amis
et ses ennemis; mais il craint à toute occasion d'être trahi, et n'ose pas se livrer, de
peur d'être abandonné; c'est à cette disposition qu'il faut attribuer ses incertitudes,

l'hésitation fâcheuse qu'il a montrée dans d'importantes occasions , notamment au 7 juillet. Il ne faut pas croire cependant qu'il soit sans fermeté, il en a fait voir dans des circonstances fort difficiles. Le 1ᵉʳ mai 1821, au milieu des cortès, en présence d'un peuple qui méconnaissait son autorité , il n'hésita pas à protester contre des actes qui lui étaient arrachés ; il eut le courage d'apprendre à l'Europe *qu'il n'était pas libre* (1). Plus tard, à Séville, livré à la fureur d'une *Convention*, il protesta également contre la violence qui lui était faite, et déclara que l'emploi de la force pouvait seul lui faire quitter cette ville pour le transporter à Cadix. Enfin, depuis sa délivrance, il a dû encore déployer cette fermeté qui ne lui manque pas au besoin ; il s'est trouvé en présence de M. de Villèle ; il lui a fallu opposer une résistance proportionnée à l'opiniâtreté que mettait ce ministre à lui imposer une détermination qu'il jugeait attentatoire à la dignité

---

(1) *Remarquez bien qu'il s'agissait de sanctionner les emprunts des cortès.* L'assemblée, sur la proposition de M. le comte de Torreno, décréta que cette partie du discours du roi serait réputée n'avoir été ni écrite ni lue par Sa Majesté.

de sa couronne, et de nature à soulever contre lui la masse entière de ses sujets royalistes.

Le monarque espagnol et notre président du conseil se sont bientôt trouvés vis-à-vis l'un de l'autre dans une position vraiment extraordinaire. S. M. a considéré M. de Villèle comme son ennemi déclaré, et s'est pénétrée de l'idée qu'elle ne pouvait rien attendre de lui; aussi évite-t-elle de prononcer le nom de ce ministre; et lorsqu'elle en entend parler, elle éprouve un sentiment pénible. M. de Villèle se met plus à l'aise; il éprouve à son tour, et témoigne à l'égard de ce prince, des sentimens que je ne me crois pas permis de qualifier. Il ne voit en lui qu'un obstacle à ses désirs, et s'indigne de rencontrer une volonté royale qui contrarie la sienne; de là cette irritation qu'il a pris trop peu de soin de cacher, de là ces expressions auxquelles il s'est trop souvent laissé emporter, et dont le moindre tort est d'être du plus mauvais ton. « *Est-ce qu'il croit que je lui ai donné mon argent et envoyé mes troupes pour ses beaux yeux?* » Ainsi le ministre blesse à la fois toutes les convenances; il oublie qu'il parle d'une tête couronnée, d'un petit-fils de Louis XIV, d'un Bourbon ; il oublie qu'il n'est que le serviteur du Roi, et que le Roi seul donne l'argent de son trésor, et envoie ses troupes au secours d'un prince de sa maison.

Le roi Ferdinand, étonné cependant d'une telle conduite, a cherché à se l'expliquer ; et ne pouvant concevoir que celui qui s'en rendait coupable appartînt dans son pays au parti monarchique, il s'est cru suffisamment autorisé à faire *à un Français* cette question décisive : *Est-ce que M. de Villèle est royaliste* (1) ? Enfin, le dirai-je ? Je ne crains pas d'être désavoué par la pensée de ce prince, en affirmant qu'il a eu à souffrir d'un ministre du roi de France plus de duretés, plus d'offenses que des ministres des cortès révoltées contre son autorité.

Ce triste état de choses s'est maintenu jusqu'à ce jour, et n'a pas peu contribué à rendre l'évacuation en quelque sorte inévitable. M. de Villèle ne s'est point désisté de ses prétentions violentes ; il n'a abandonné qu'au dernier moment l'espoir de faire fléchir le monarque espagnol ; il a tenu bon jusqu'à la

____

(1) Je rapporte les propres paroles du roi d'Espagne.

fin ; et lorsqu'il a quitté la partie , c'est qu'elle était perdue.

Telle était en effet la situation, lorsque le terme fixé à l'occupation de l'Espagne est arrivé bien à propos pour tirer le ministre d'un embarras qui chaque jour devenait plus grand.

La politique de M. de Villèle consiste ici à faire considérer l'évacuation comme un parti pris avec maturité, en parfaite connaissance de cause, et même comme une mesure *concertée*. La vérité est qu'elle était devenue pour lui personnellement une nécessité qu'il ne pouvait éviter de subir ; il ne se retire pas de l'Espagne, il fuit devant les fautes qu'il a commises, parce qu'il ne veut pas, ou, ce qui est plus exact peut-être, parce qu'il ne peut plus les réparer ; il a épuisé tous les moyens qui lui sont propres ; les ressources du génie ont une limite ; celles de la médiocrité unie à l'entêtement, doivent bien aussi avoir la leur. M. de Villèle l'a rencontrée. La position n'était plus tenable pour lui, il l'abandonne. *Voilà une première moitié du secret de l'évacuation.*

On ne livre pas soi-même un tel secret ;

on prend au contraire grand soin à le cacher.
C'est ce que fera le ministre, et, je dois le
dire, il est en fonds pour cela ; ses précau-
tions sont prises de longue main. Ceux-là
donc qui croient que les approches de la
session causent à M. de Villèle beaucoup
d'inquiétudes relativement aux affaires d'Espagne, sont complètement dans l'erreur.
Sans parler des ressources qu'il peut trouver
dans la situation parlementaire qu'il s'est
créée, il en trouvera en lui-même, et de
très-précieuses. D'ailleurs, une question de
cette nature ne peut pas être traitée sérieusement à la tribune. D'une part, elle est
trop compliquée; de l'autre, elle tient en
grande partie à des négociations dont l'ini-
tiative et la conduite, *en droit,* appartiennent
au Roi. C'est là où se retranchera le ministre ;
il s'enveloppera des ombres de la diplomatie : on avancera des faits, il les niera,
ou, ce qui est absolument la même chose, il
les expliquera à sa manière. En définitive, si
les débats sont vifs et tant soit peu prolon-
gés, on arrivera à une conviction morale,
mais on n'ira pas plus loin. Il y a certainement
délit, mais *le corps du délit* manque, on le

cherchera en vain ; et au milieu des incertitudes que fera naître une discussion controversée en tous sens par des orateurs qui présenteront la question sous des faces diverses, en raison de la diversité de leurs opinions, le ministre ne sera pas condamné ; et comme le succès pour les hommes publics est toujours relatif à la position où ils se trouvent, ne pas être précisément condamné équivaut pour M. de Villèle à un triomphe éclatant.

Qu'on le sache donc bien, M. de Villèle abordera *la question espagnole* avec beaucoup d'assurance ; il pourra même montrer de la franchise, et, si cela lui plaît, il ira jusqu'à la candeur ; il offrira de jouer *cartes sur table,* et il les mettra sur table en effet, mais elles seront arrangées avec une *telle adresse,* que si le plus habile devine qu'il est trompé, je le défierai bien de dire en quoi ni comment. Je vais en donner la raison.

M. le président du conseil, dans la conduite des affaires d'Espagne, a constamment pratiqué deux politiques tout à fait distinctes. L'une patente, et qui a suivi les voies ordinaires de la diplomatie ; c'est la seule que connaisse le loyal baron de Damas ; préparée à l'avance pour le Roi et les Chambres, elle a dû être déjà présentée au prince ; elle le sera aux Chambres également. L'autre, occulte, mystérieuse, n'a point laissé de traces, ou très-peu ; tous les intérêts, toutes les propositions qui s'y rattachent ont été traités verbalement par de nombreux agens, ou dans des notes adressées à des membres de ce ministère espagnol dont j'ai parlé, et dans lequel M. de Villèle a toujours eu (et a encore aujourd'hui) des intelligences. Or, la véritable question est cachée dans cette dernière politique, et elle y restera ; peu de personnes en ont le secret; et la plupart de ceux qui le possèdent, Espagnols ou Français, ont intérêt à le garder. Le ministre, sur ce point, se renfermera dans un système invariable de dénégation ; s'il est pressé de trop près, si la situation de l'Espagne parle trop haut, sa marche est encore tracée; il suivra ses antécédens. A la dernière session, ne pouvant pas expliquer le honteux mystère de l'affaire Ouvrard, M. de Villèle prit le parti d'accuser et de livrer au mépris public le corps entier de l'intendance militaire. Il fera quelque chose d'approchant, il se dégagera d'une responsabilité personnelle, et sacrifiera tous ceux qui sont réputés avoir pris part aux affaires d'Espagne ; il dira que ses collègues, l'ambassadeur, les agens diplomatiques, les ministres du roi Ferdinand, et ce roi lui-même sont des *incapables;* que tous ces gens-là n'ont fait que des sottises. Et cependant, ni les collègues, ni l'ambassadeur, ni les agens, ni les ministres de Ferdinand , ni Ferdinand lui-même n'ont été libres de faire ce qu'ils auraient voulu, et tous ont dû subir ou accepter une direction d'un ministre qui ne faisait aucune difficulté de déclarer, au besoin, qu'il prenait tout sur lui.

Si l'on considère seulement dans ce qu'elle a de patent, la conduite politique que le cabinet français a suivie à l'égard de l'Espagne, on la trouvera encore très-digne de blâme. Les résultats qu'elle a amenés sont accablans; il est donc impossible qu'elle ne devienne pas l'objet d'une discussion sérieuse. M. de Villèle a dû le prévoir ; aussi a-t-il préparé une justification : voyons en quoi elle consiste.

Le ministre établit les deux propositions suivantes :

1° Nous n'avions pas le droit d'intervenir dans les affaires d'Espagne ;

2° Nous ne sommes pas intervenus dans les affaires d'Espagne.

La seconde proposition, on le voit, n'est que la conséquence de la première. Les hommes politiques ont déjà jugé l'une et l'autre allégations ; mais je crois utile de mettre le public à même d'en apprécier le mérite et la véracité.

Je pose les questions en sens invers de M. le président du conseil, et j'en ajoute une intermédiaire :

1° Nous avions le droit d'intervenir ;

2° Nous devions faire usage du droit.

3° Nous en avons fait usage ; nous sommes intervenus :

1° *Nous avions le droit d'intervenir*. Cette première question est *de fait*, et doit trouver sa solution dans les faits ; l'Europe les connaît, ils sont notoires ; les débats élevés dans les Chambres françaises , et plus particulièrement encore dans le Parlement britannique , les ont parfaitement éclaircis. Ils viennent du congrès de Vérone, qui ici est une autorité , *et même la seule que l'on puisse reconnaître*. C'est le point de départ ; il doit donc me suffire d'engager le lecteur à consulter le Recueil des *Documens officiels* publiés peu de temps après le congrès (1). Il y acquerra la preuve, s'il ne l'a pas déjà, que dans ce conseil européen, un grand danger fut seulement constaté, un principe de droit public de nouveau reconnu, et la France autorisée à s'en faire l'application.

Quant au droit que pouvait avoir cette puissance d'intervenir dans les affaires intérieures de l'Espagne, il n'y eut pas lieu à le contester, car il ne fut pas mis en question ; on dut le considérer et on le considéra en effet comme étant la conséquence immédiate de l'invasion proposée par notre cabinet et consentie par l'alliance.

La conduite de nos plénipotentiaires à Vérone était excellente : empreinte à la fois de sagesse et de dignité, elle eût illustré un ministre qui n'aurait pas déjà été illustré par

---

(1) Je l'engage aussi à consulter l'écrit publié sous ce titre en 1823, et qui a paru chez Le Normant : *Observations sur le discours prononcé dans la Chambre des communes, le 14 avril 1823, par M. Canning, et sur les dernières négociations qui ont eu lieu entre la France et l'Angleterre, relativement à l'Espagne.* Les *questions politiques les plus importantes* y sont traitées avec une grande supériorité. C'est l'ouvrage d'un bon Français et d'un Français très-éclairé.

son nom. Nous ne demandions pas une grâce à l'Europe, nous lui offrions nos services, et il ne faut jamais oublier que la France ayant déclaré qu'elle était prête à combattre une révolution qui menaçait violemment toutes les légitimités, s'était placée par ce fait même à la tête de l'alliance dont tous les membres avaient un intérêt égal à ce que cette révolution fût attaquée et vaincue.

M. de Villèle nous a trouvés trop haut placés, il nous a fait descendre (autant du moins que cela était en lui). Voici comment.

J'ai invoqué l'autorité du congrès de Vérone ; ce n'est pas sans raisons ; l'ensemble des résolutions qui y ont été prises, a fondé à l'avance notre position en Espagne ; de ce moment nos droits ont été établis, ils ont reçu une véritable sanction, en ce sens que tous ceux qui n'ont pas été contestés, ou restreints par une stipulation précise, ont été implicitement reconnus. Or, notre droit d'intervenir dans les affaires intérieures de l'Espagne n'a été ni contesté ni restreint, aucune décision ne nous obligeait à le partager, à appeler les envoyés des cours étrangères à Madrid à l'exercer concurremment avec nous. Le congrès de Vérone n'avait porté aucune atteinte à notre indépendance, aucune obligation ne nous avait été imposée.

Cependant, le 31 du mois d'août dernier, une convention diplomatique a été faite à Madrid, les diverses légations y ont pris part, il a été arrêté qu'il ne serait exercé aucune intervention étrangère en Espagne, ou qu'elle serait exercée en commun par le corps diplomatique, appelé à délibérer sur les questions qui lui seraient soumises. Arrêtons-nous encore ici.

Que les envoyés des puissances aient saisi avec empressement l'occasion d'entrer en possession d'un droit auquel ils ne pouvaient prétendre, qu'ils se soient fait un mérite auprès de leurs cours de cet avantage remporté sur notre cabinet, qu'ils aient accepté la concession qui leur était offerte, je le conçois facilement. Ils suivaient la marche ordinaire, ils profitaient de la faiblesse d'un tiers.

Mais que la France, par l'intermédiaire de son ministre, ait abdiqué un droit que seule elle possédait, devait et pouvait posséder seule, parce que seule elle *occupait;*

que nos intérêts aient été ainsi sacrifiés ,
notre dignité compromise , que nous nous
soyons liés sans nécessité , placés dans la
dépendance d'un corps diplomatique dont
les membres n'avaient d'autre mission que
celle de représenter leur souverain respec-
tif, et qui ne devaient voir dans le droit que
nous consentions à leur accorder, que les
moyens de nous faire obstacle ; voilà ce
que je ne puis concevoir, et ce qu'aucun
Français, je pense , ne concevra plus que
moi.

Une circonstance bien particulière doit
être encore remarquée. L'envoyé britannique s'est trouvé appelé par le cabinet français
à partager ce droit d'intervenir dans les
affaires d'Espagne ; et cela doit paraître fort
étrange , si l'on veut bien se rappeler que
l'Angleterre s'est refusée constamment à
reconnaître le principe consacré dans le
congrès de Vérone , et en vertu duquel
nous avons pu sans danger occuper l'Espagne. Elle s'est séparée de l'alliance , a
protesté contre ses décisions ; ses intérêts
ne sont pas les nôtres, nous sommes entrés
dans la péninsule contre son gré, et nous
reconnaissons à son envoyé le droit de régler

notre action, de déterminer la conduite que
nous pourrions vouloir suivre dans un pays
où nous avons porté nos armes, et que
nous occupons à nos risques et périls! C'est
pousser loin la complaisance. : et l'Angleterre elle-même en sera, je crois, plus sur-
prise que reconnaissante.

On demandera sans doute quels motifs
ont pu porter le ministre français à souscrire à une transaction aussi extraordinaire.
Je vais le dire.

A l'époque où elle eut lieu, la position de
M. de Villèle en Espagne était déjà mauvaise, il était déjà personnellement compromis : il avait fait beaucoup d'efforts qui
n'avaient abouti qu'à démontrer son impuissance. On pouvait lui demander compte
de la situation de l'Espagne, et imputer les
malheurs qui dès lors la menaçaient, soit à
son inaction, soit à une activité mal dirigée.
Il a préparé sa réponse ; elle est tracée dans
la convention du 31 août : « L'Espagne est
« dans un état déplorable, cela est fâcheux,
« mais je n'y pouvais rien, et je n'y suis
« pour rien ; la France n'avait pas le droit
« d'intervenir, en voici la preuve écrite. »
Il est si vrai que le motif que je viens d'in-

diquer a pu seul déterminer M. de Villèle ; qu'un mois environ avant la transaction du 31 août, le corps diplomatique à Madrid ayant manifesté le désir d'exercer, de concert avec le cabinet français, une intervention dans les affaires du pays, notre ambassadeur s'éleva (avec toute convenance, selon moi) contre cette prétention, déclara que la France, en raison de sa position, de l'alliance des deux couronnes et des sacrifices qu'elle avait faits en faveur de l'Espagne, était appelée à exercer exclusivement le droit réclamé par les légations, et sa conduite fut appro uvée.

Dans tous les cas, comme les résolutions prises par les rois réunis au congrès de Vérone n'ont pu être infirmées par leurs envoyés à Madrid ; comme nos droits reconnus ou non contestés par les membres de l'alliance sont demeurés entiers, et qu'il n'était pas au pouvoir d'un ministre d'en faire le sacrifice à ses intérêts personnels, je me crois autorisé à maintenir ma première proposition : *Nous avions le droit d'intervenir dans les affaires d'Espagne.*

2° *Nous devions faire usage du droit.*

Nous sommes entrés en Espagne avec la

mission de délivrer le roi, de le rétablir sur son trône ; ce but rempli, nous pouvions nous retirer si cela nous convenait ; nous le devions, si tel était le désir du prince espagnol. Nous n'avions alors aucun droit à exercer, parce que nous n'encourions aucune responsabilité. Si l'évacuation exposait l'Espagne, c'était l'affaire du roi qui l'avait demandée ; si elle nous compromettait, nous pouvions conserver sur la frontière un corps d'observation, mais non pas rester dans le pays malgré son roi, à moins de faire acte de violence, et de nous constituer ennemis.

Mais lorsque, par suite d'une convention conclue entre Ferdinand et le cabinet français, nous avons maintenu une armée d'occupation en Espagne, les choses ont pris sur le champ un autre aspect ; non seulement le droit d'intervenir nous a été acquis, mais le devoir d'en faire usage nous a été imposé.

Et d'ailleurs, la seule présence de nos troupes constituait une véritable intervention. Dès ce moment, aux yeux de l'Europe, de la France, et de l'Espagne surtout, nous devenions responsables de tout ce qui allait s'y faire. Il y a des choses tellement fondées en raison, qu'il devient inutile de les établir en principe. Occuper un pays, et laisser son gouvernement prendre des mesures dangereuses, c'est compromettre sa propre sécurité ; lui en laisser prendre qui ne soient pas honorables, c'est compromettre sa dignité.

Il ne faudrait point conclure de là que l'usage de ce droit incontestable d'intervention dans les affaires d'un pays que l'on occupe, soit illimité ; il est restreint, au contraire ; il l'est à l'égard de l'État occupé, il l'est aussi relativement aux autres puissances. Dans ce dernier cas, la restriction est clairement établie par cette règle de droit public, qu'un gouvernement peut faire chez soi ou chez un allié, et de son aveu, tout ce qui ne porte pas préjudice aux intérêts d'un autre gouvernement. M. Canning, à qui l'on ne peut refuser les hautes qualités de l'homme d'État, ne l'entendait pas autrement. Après s'être séparé de *l'alliance*, il n'aurait jamais eu la pensée de demander à tout autre ministre qu'à M. de Villèle, d'attribuer à l'envoyé de sa cour une influence officielle dans les conseils du roi d'Espagne (1). Il se serait

---

(1) Il n'avait pas besoin de la permission d'ailleurs, ni l'envoyé non plus ; sir W. A'Court est peut-être le plus

contenté, comme il l'avait fait d'abord, de déclarer à quelles conditions il mettait sa neutra-
lité, conditions qui portaient exclusivement
sur trois points où la Grande-Bretagne pouvait voir ses intérêts personnels engagés (1),
n'apportaient aucun entrave au droit de la
France d'intervenir dans les affaires intérieures de la péninsule, et par-là pouvaient
être regardées comme une reconnaissance
tacite de ce même droit.

En résumé, une occupation, lorsqu'elle
est consentie, est une tutelle, mais une tutelle officieuse; elle doit être exercée avec
des intentions pures, désintéressées, des
vues droites, avec des formes bienveillan-
tes; c'est la voix d'un ami qui doit se faire
entendre; il peut donner des conseils, jamais des ordres. Si les conseils réitérés ne
sont pas écoutés, si le refus de les suivre
peut entraîner des conséquences graves, on
peut parler alors de se retirer, se retirer
en effet devant une résistance obstinée qui

---

fin diplomate de la Grande-Bretagne, et ce n'est pas peu
dire : M. de Villèle a eu plus d'une occasion de s'en apercevoir.

(1) Voyez le *Recueil des documens*, et, mieux encore,
l'ouvrage que j'ai déjà indiqué.

devient une offense ; et la mesure effectuée, rendre un compte exact de sa conduite, expliquer les faits sans les altérer, obtenir et mériter l'approbation de son roi, du public, et des grands corps de l'État. M. de Villèle me dira peut-être que c'est précisément là le cas où il se trouve. Ma réponse est toute prête ; j'aborde sur le champ la question décisive.

3° *On a fait usage du droit, l'on est intervenu dans les affaires d'Espagne.*

C'est encore ici une question *de fait*, et qui ne peut être éclaircie que par des faits. Il y en a, et de nombreux ; je vais indiquer les plus saillans.

Je passe sous silence les deux points relatifs à la reconnaissance des capitulations accordées par Mgr le duc d'Angoulême, et à la demande d'une Constitution. Je me suis déjà expliqué sur le premier : j'ai la certitude qu'on l'a traité fort légèrement, beaucoup trop légèrement, je ne crains pas de le dire, et que dans les communications secrètes, on a donné plus d'une fois à entendre que l'on pourrait au besoin l'abandonner. Quant au second, on a parlé plus sérieusement, au moins en apparence ; il n'entre pas dans mon sujet de discuter le mérite ni l'opportunité de cette demande. Je ferai seulement observer que pour en obtenir un résultat quelconque, il fallait d'abord inspirer une très-grande confiance; il fallait surtout bien connaître l'Espagne, deux conditions qui ont manqué à M. de Villèle. Il ne s'agissait pas de savoir s'il serait bon que l'Espagne eût des institutions, mais, avant tout, d'examiner si l'état du pays en comportait, si les préventions des royalistes n'opposaient pas à leur établissement un obstacle insurmontable, au moins en ce moment. Je suis de plus persuadé que l'on se serait encore désisté sur ce point; ce n'est pas là où s'est rencontrée la difficulté, ce n'est pas le refus de donner des institutions qui nous fait abandonner l'Espagne, encore moins celui de reconnaître les capitulations du prince.

Je n'insiste donc pas sur des tentatives qui n'ont eu aucunes suites , pour parler des affaires où notre intervention s'est exercée d'une manière sensible, positive.

Premièrement dans le choix des hommes, ou plutôt dans leur exclusion.

On peut considérer un gouvernement comme une machine à laquelle des hommes impriment le mouvement nécessaire à son action ; si les hommes employés sont habiles et forts, la machine marche, et remplit sa destination ; s'ils sont faibles et maladroits, elle s'arrête, ou ne marche que par secousses ; rien ne se fait alors, ou tout se fait mal. Certes, c'est une intervention bien prononcée que celle qui a pour objet de soutenir des incapables, et d'empêcher des gens de cœur et de talent de venir au secours de leur pays. Mais j'en ai dit assez à cet égard, pour que le public soit parfaitement à même de décider si nous avons agi pour ou contre les intérêts du roi Ferdinand, par les déterminations que nous avons prises relativement à ses ministres. J'aborde une autre question, celle de l'amnistie.

Je ne fais aucune difficulté de reconnaître que nous avions le droit de demander au roi d'Espagne de donner une amnistie à ses peuples. J'ajouterai même que les sentimens de l'humanité, d'accord avec les nécessités de la politique, nous imposaient le devoir d'en faire usage. Mais comment nous sommes-nous acquittés de ce devoir ? qu'avons-nous fait pour l'humanité ? qu'avons-nous fait pour la politique ? quel nom faut - il donner à ce malheureux acte publié sous le titre d'*amnistie?* et fallait-il que le nom de la France fût attaché à un pareil acte! Il nous appartient cependant, et je ne pense pas que le ministre ait le triste courage de le désavouer. Nous avons sollicité une amnistie pendant près de cinq mois ; le ministère espagnol a présenté un projet, nous l'avons discuté, et tel qu'il est, nous l'avons adopté.

Lorsque le portefeuille a été retiré à M. V. Saez, une amnistie allait être publiée ; elle eût été bien imparfaite, je le crois, mais bien difficilement elle eût moins valu que celle qui a été proclamée.

Dans cette dernière, les exceptions, au lieu d'être nominales, se trouvèrent confusément indiquées dans des catégories variées à l'infini. Dès lors une latitude effrayante fut ouverte aux interprétations. Le ministère que nous protégions prit ou laissa prendre des mesures insensées ; il ne fit rien pour empêcher les réactions. A l'ombre de l'amnistie, des vengeances particulières furent exercées, une foule de personnes qui n'appartenaient pas même au parti constitutionnel, violemment persécutées. Nos généraux durent intervenir pour arrêter les désastreux effets d'une mesure consentie par le ministre français ; et il se forma contre nous un parti nombreux parmi les royalistes , que l'on fut obligé de traiter d'une manière presque hostile sur plusieurs points, notamment dans l'Aragon et la Catalogne.

Cette amnistie cruelle et sanglante a été pour l'Espagne une source de malheurs ; elle n'a donné aucune sécurité à la masse des coupables (condition première d'un acte de cette nature), et elle a menacé des hommes qui ne l'étaient pas ; elle a réduit au désespoir une infinité de malheureux qui ne demandaient qu'à rester dans le repos ; elle a exposé le roi à de nouveaux dangers , parce qu'elle lui a suscité de nouveaux ennemis. Enfin je ne crains pas d'exagérer les choses, en affirmant que l'amnistie a mis le feu aux quatre coins de l'Espagne ; l'incendie dure encore , et nous nous retirons devant lui, comme si nous étions étrangers à la cause qui l'a produit, comme si les effets qui peuvent s'ensuivre devaient nous être indifférens !

On me demandera peut-être ce que devait faire le ministre français lorsqu'on lui a soumis le projet d'amnistie. Je répondrai qu'il devait le trouver détestable, en réclamer un autre établi sur des bases différentes, et en cas d'un refus peu probable, puisqu'alors il disposait du ministère espagnol , protester contre cet acte , ne lui accorder aucune sanction , se dégager, et dégager la France de toute responsabilité.

Il pouvait encore demander qu'il ne fût pas donné suite à un projet d'amnistie, et on le lui eût accordé de grand cœur ; mieux valait cent fois, dans les intérêts des Espagnols compromis et dans ceux du gouvernement royal, laisser les choses dans l'état où elles étaient , ne point parler d'amnistie, que d'en proclamer une qui plaçait tous les partis dans une situation pire que celle où ils se trouvaient avant.

Mais M. de Villèle avait prononcé le mot d'*amnistie*, dès lors il lui en fallait une, quelle qu'elle fût ; celle-ci lui a été offerte , il l'a prise, et n'y a vu que sa volonté satisfaite. Et cependant, il faut s'attendre à voir ce ministre déclarer qu'il n'est point intervenu dans la question de l'amnistie.

Il pourrait paraître difficile, au premier aspect, de dire ce que voulait M. de Villèle en provoquant le décret rendu par le roi

Ferdinand, relativement à la liberté du commerce avec l'Amérique espagnole. Dans quel intérêt l'a-t-il demandé (car il l'a bien demandé (1)) ? Est-ce dans celui de l'Espagne ? on aura peine à le croire. Appuyée par dix vaisseaux et dix mille hommes de débarquement, cette mesure eût pu être bonne et sage ; réduite au texte d'un décret, elle n'a pas fait rentrer un pouce de terrain sous la domination de la métropole, et n'aura d'autre résultat que d'exposer un peuple malheureux, mais qui n'a pas cessé d'être respectable, à jouer un rôle ridicule. A-t-on voulu favoriser la France ? cela n'est pas probable ; notre commerce n'a pu y gagner un écu ; car les choses sont restées et devaient rester, après le décret, exactement ce qu'elles étaient avant.

Allons donc franchement au fait ; on n'a songé ni à l'Espagne ni à la France : on a voulu seulement complaire à l'Angleterre ; dans la réalité, on ne lui a rien donné qu'elle n'eût déjà ; mais par cet acte de complai-

---

(1) Et si bien demandé, que les journaux ministériels l'ont loué pour ce fait, et qu'il n'a point démenti le fait ni refusé les éloges.

sance, et en lui sacrifiant à l'avance les plus chers intérêts de l'Espagne, on a donné à un cabinet devant lequel on tremble, une garantie suffisante de complaisance que l'on aurait encore lorsque l'occasion s'en présenterait.

La frayeur que le cabinet anglais cause à M. de Villèle n'est un mystère pour personne. Au seul nom de M. Canning, il se trouble ; mais en revanche, il trouve du plaisir à intimider M. Ugarte. Ne pourrait-on pas savoir au moins sur quoi sa peur est fondée ? Ne finira-t-on pas par le lui demander ? Est-ce qu'on ne s'aperçoit pas que depuis près de trois ans un ministre nous traîne à la suite de l'Angleterre ? Je vois à cet égard une grande indifférence : je crois qu'il y a lieu de s'en étonner et d'en gémir. Nous sommes loin d'occuper en Europe la place qui nous est assignée. On éprouverait quelque honte peut-être, si l'on savait bien à quel degré de nullité notre influence est réduite. Hélas ! nous comptons pour bien peu de chose dans cette Europe, où rien ne devrait se faire sans nous ! Tout ce qui peut faire respecter un peuple, le rendre imposant aux regards de l'étranger, nous le possédons. La splendeur de notre maison royale, la richesse de notre terre, le génie de ses habitans, la puissance de notre crédit, notre vieille gloire militaire, qui, dans une gloire récente, vient en quelque sorte de trouver aussi sa restauration : que d'élémens de grandeur ! que de moyens de succès ! Ils sont paralysés, et comment ? Parce qu'un homme appelé, par une de ces distractions auxquelles la fortune est trop sujette, à conduire les affaires d'une puissante monarchie, n'a pas voulu se rendre justice, n'a pas voulu reconnaître son impuissance incessamment démontrée ; parce qu'il a cru remplacer par l'*adresse*, les talens élevés que la nature ne lui avait pas départis ; qu'il a persisté et persiste encore à garder dans ses débiles mains un pouvoir dont il ne sait que faire, dont il n'a fait, dont il ne fera jamais rien.

Je me suis écarté un instant de mon sujet ; mais j'ose croire que l'on me pardonnera de n'avoir pas su refuser quelques regrets au triste spectacle que présente en ce moment notre situation politique, situation qu'il faut toujours considérer d'une manière relative, qui ne pourrait être trouvée belle que par ceux qui l'ont faite ce qu'elle est, ou par d'autres qui n'auraient aucune idée de ce qu'elle pourrait être et de ce qu'elle deviendra bientôt, lorsqu'un roi sur lequel tant d'espérances sont fondées, jugera dans sa sagesse que le moment est venu de donner à son gouvernement une nouvelle action et de nouveaux hommes.

J'ai montré notre intervention constante dans les affaires intérieures (et même extérieures) de l'Espagne ; soit qu'elle s'exerçât par la demande d'une Constitution : soit par la protection accordée à des ministres que repoussaient tous les Espagnols, et l'exclusion donnée aux hommes par lesquels les Espagnols royalistes auraient désiré les voir remplacés. Je l'ai fait voir clairement dans la malheureuse affaire de l'amnistie, dans celle peu honorable d'un décret prétendu réglementaire du commerce des colonies, et qui n'était en résultat qu'un abandon anticipé des droits et des intérêts propres au gouvernement de Sa Majesté catholique.

Mais je me trompe fort, ou le lecteur s'aperçoit depuis long-temps que je me tiens en dehors de la question principale, de celle qui doit expliquer toutes les autres, et éclairer d'une vive lumière la conduite politique de M. le président du conseil. Cela est vrai : quiconque ne connaît pas à fond l'affaire des emprunts révolutionnaires, et les négociations dont ils ont été l'objet, est dans l'impossibilité d'assigner les véritables causes auxquelles doivent être attribués l'état actuel de l'Espagne et l'évacuation du pays par la majeure partie de nos troupes ; il est temps d'en parler.

Quelques personnes, et M. de Villèle à leur tête, ne voient là qu'une affaire d'argent, ou tout au plus une question de crédit public : l'erreur est déjà grande. C'est une question de principes, une question politique ; vue par ces côtés, elle acquiert sur le champ une haute importance. Je la pose en peu de mots :

L'argent est le nerf de la guerre, a-t-on dit ; *veut-on en faire celui des révolutions ?* Il ne s'agit pas d'autre chose.

Que dans quelque coin d'un royaume, une poignée de factieux viennent à se réunir, qu'ils agitent un drapeau, s'emparent d'une place, il se trouvera d'abord, sous le nom de *capitaliste*, un juif qui leur prêtera à grosse usure les premiers sacs d'écus dont ils auront besoin. Que le succès vienne à cou-

ronner leur entreprise, leur nombre se gros-
sira, ils pourront déjà trouver des compli-
ces, car ils auront de quoi les solder : si le
prince est environné de traîtres, ou d'imbé-
cilles non moins dangereux que les traîtres,
voilà une révolution en bon train; on marche
vers la capitale, on proclame une Constitution, et cela sans avoir besoin de la faire;
car il y en a de toutes faites, et qui s'ajustent
à tous les pays. On dépose le prince, ou
mieux encore on le garde pour s'en servir
comme d'un instrument docile, comme d'une
griffe à signer des décrets; s'il proteste solennellement contre la violence dont il est
l'objet, on déclare solennellement aussi que
sa protestation sera regardée comme non
avenue (1). Voilà une révolution installée ;
pour vivre et prospérer, il ne lui manque
plus que de l'argent, et elle en trouvera; car
il est reconnu que les révolutions payent les
dettes qu'elles ont contractées pour s'établir,
lors même qu'elles sont abattues. Tous les
hommes en Europe qui aiment les révolu-

---

(1) *Voyez* la note page 3o. Si le prince résiste encore et
veut se montrer roi, on le déclare en démence et on lui
donne des tuteurs. C'est ce qui est arrivé à Ferdinand.
Apparemment M. de Villèle ne sait rien de ces choses-là.

tions, voudront prêter à cette révolution naissante ; que risqueraient-ils ? Si elle réussit, ils auront le plaisir de voir triompher *les grands principes*, et ils rentreront dans leur argent avec 5o pour 100 de bénéfice. Si la révolution fait naufrage, les écus au moins arriveront à bon port, et l'on aura fait encore une bonne affaire.

Que s'est-il passé en Espagne, et, aux intentions près, que demande M. de Villèle, qui ne soit exactement cela ? Et les rois de l'Europe trouveraient cela bon ! ils donneraient une approbation réelle ou tacite à un système aussi absurde que dangereux ! par une contradiction trop choquante, ils se seraient réunis pour déclarer illégitime l'autorité des cortès, et ils reconnaîtraient la légitimité de leurs emprunts ! ils feraient une différence inconcevable entre le but atteint par des sujets révoltés, et les moyens employés pour l'atteindre ! Ah ! ces rois ont une leçon plus politique et plus morale à donner aux révolutionnaires de tous les pays. « Ne vous enrôlez pas sous les drapeaux de la révolte, vous courez risque d'y perdre la tête ; ne prêtez pas non plus à la révolte, vous y perdrez votre argent. » Et nous, après avoir dépensé

des sommes énormes pour renverser une révolution qui nous menaçait, après l'avoir
renversée, et sur ses débris rétabli la royauté,
nous rendrions la royauté solidaire de la révolution ! Accueillis comme des libérateurs
par le peuple espagnol, nous lui imposerions
l'obligation de solder une dette dont le ca-
pital a été employé à rendre plus pesant et
plus long le joug odieux qui pesait sur lui, et
qui plus tard a encore fourni à l'ennemi commun les moyens de nous combattre !

Une combinaison aussi insensée est cependant défendue par un principe. A celui
politique qu'il ne veut pas comprendre,
M. de Villèle en oppose un autre de crédit
public ; il prononce le mot de *banqueroute;*
avec ce mot il insulte à l'Espagne, et cherche
à l'effrayer. Mais ici, sait-il au moins se montrer conséquent ? Nous allons voir que non.
« Si l'on veut inspirer de la confiance, s'écrie
le ministre, et trouver de l'argent, il faut
commencer par payer ses dettes. » Voilà qui
est parfaitement juste, et je suis tout à fait
de l'avis du ministre. Mais remarquez bien
que l'Espagne ne refuse pas de payer une
dette, seulement elle en nie l'existence ;
elle la désavoue, et elle fonde son désaveu

sur des faits patens ; elle proteste contre son origine ; elle déclare que ceux qui l'ont contractée en son nom n'avaient pas le droit de l'engager ; elle ne voit dans les cortès qu'un pouvoir usurpateur du pouvoir royal, le seul qu'elle reconnaisse et *le seul que l'Europe ait voulu reconnaître ;* elle renvoye les prêteurs à ceux qui ont emprunté ; en un mot, *elle ne reconnaît pas la dette.* Voilà sa position actuelle, et certes il serait difficile d'y faire entrer l'odieuse expression de *banqueroute.*

Ce que l'Espagne évite en s'appuyant sur un principe politique puissant de raison, et qui met son honneur comme son crédit hors d'atteinte, M. de Villèle le lui ferait faire par l'application même du principe de finance qu'il pose et qu'il abandonne en même temps. Il ne propose pas à l'Espagne de payer sa dette intégralement, mais seulement une partie, et de demander ou de recevoir grâce pour le reste. Qui ne voit sur le champ tout ce qu'il y aurait de dangereux et de déshonorant pour elle à souscrire à une pareille transaction ! Si le gouvernement espagnol acceptait ces conditions, il se trouverait sur le champ dans une position toute différente de celle où il est placé ; il reconnaîtrait par-là même que les cortès avaient le droit de contracter, et, par une conséquence inévitable, il serait débiteur du montant intégral des emprunts contractés : il n'en paierait cependant qu'une partie ; et que ferait-il donc alors, je le demande? La réponse ne peut pas être douteuse ; il déposerait honteusement son bilan, se déclarerait insolvable, et réclamerait en Europe la pitié de ce parti révolutionnaire qui est venu chez lui lui faire la guerre avec des écus. Est-ce ainsi qu'un gouvernement fait respecter ses droits, consacre sa légitimité? est-ce ainsi, seulement, qu'il peut fonder son crédit?

L'erreur consiste ici (je parle à ceux qui se trompent de bonne foi) à vouloir concilier deux principes incompatibles, le droit et le fait. Il faut opter ; il faut que l'un des deux reste entier. Le gouvernement du roi doit ou ne doit pas. Dans le premier cas, il faut qu'il paye tout ce qu'il doit (ou reconnaisse au moins le devoir); dans le second, il ne doit rien payer, à moins qu'il ne veuille mériter l'épithète que M. de Villèle lui prodigue en ce moment, et qui en ce moment n'est qu'une injure gratuite.

L'idée d'une transaction est admise depuis

long-temps par le parti qui pousse à la re-connaissance des emprunts. On a parlé d'a-bord de 50 pour 100, puis de 40 ; aujour-d'hui l'on est à 30, et l'on s'abonnerait à moins, car l'on tient fort peu à l'argent dans cette affaire ; mais l'on a aussi son principe, et l'on voudrait le voir triompher ; l'on vou-drait donner un démenti au congrès de Vé-rone, au roi Ferdinand, à la France roya-liste, et faire considérer le gouvernement des cortès comme un gouvernement légitime que l'on n'aurait pas dû attaquer.

Il m'est facile de démontrer que c'est vrai-ment là la pensée du parti. Le roi d'Espagne, persécuté par le ministre français, désira enfin acheter son repos ; il consentait à le payer, mais seulement par un sacrifice d'argent ; ce prince montrait en cette occasion beaucoup de sagesse et de dignité ; il voulait sauver au moins les principes, et ménager l'honneur de sa couronne. Au lieu de consentir, comme on le lui proposait, un emprunt à 80 pour 100, dont 30 à payer en reconnaissances des cor-tès, il offrait de donner l'emprunt à 50 ; sous le rapport des intérêts, c'était absolument la même chose ; on refusa cependant. « Le roi Ferdinand tient à un principe, fut-il répondu ; nous aussi, et c'est le nôtre qu'il faut reconnaître. » Voilà le degré d'insolence auquel peuvent parvenir des gens à argent, qui se sentent appuyés par le ministre d'un puissant État.

La reconnaissance des emprunts des cortès est donc une affaire de parti ; elle est généralement considérée sous ce point de vue. L'opinion libérale est aux prises avec l'opinion monarchique ; et l'on me permettra de faire remarquer qu'il est au moins bien étrange qu'un ministre royaliste se croye obligé de venir au secours de la première.

S'il en était autrement, si tous les banquiers voyaient dans le refus du gouvernement espagnol un manquement de foi, leur sécurité compromise dans l'avenir, ils se réuniraient dans une même pensée, ils seraient tous d'accord sur un point qui toucherait à leur intérêt commun. Mais non, la banque libérale demande seule la reconnaissance des emprunts ; la banque royaliste (car enfin il y a aussi en France une banque royaliste) repousse cette mesure ; les banquiers qui se tiennent en dehors des partis, et c'est le plus grand nombre, montrent à cet égard une parfaite indifférence, et comprennent fort bien qu'il ne s'agit réellement que d'une question politique dont la solution ne peut compromettre en rien les véritables principes sur lesquels repose le crédit. On m'objectera sans doute qu'un banquier étranger fort riche, et qui ne professe pas le libéralisme, est cependant favorable aux emprunts révolutionnaires ; je réponds que c'est une exception (ce n'est pas même la seule), et qu'elle ne prouve rien. Le banquier R. n'a pris ce parti que par suite de ses liaisons bien connues avec M. le président du conseil, et il doit y tenir à cause des spéculations importantes qu'il a faites, sachant à l'avance quelles étaient les intentions du ministre. Si ce dernier se fût montré contraire aux emprunts, M. R. n'aurait jamais voulu en entendre parler.

Autre objection : Si le gouvernement royal consentait à reconnaître pour quelque chose les emprunts de la révolution, il trouverait sur le champ de l'argent ; rien n'est plus vrai ; mais s'ensuit-il que cette détermination suffirait pour établir son crédit, et qu'il ne peut s'établir qu'à ce prix? Ceux qui voudront aller au fond des choses n'en croiront rien ; indépendamment des *principes*, le parti a un grand intérêt à offrir un nouvel emprunt, sous la condition d'y faire entrer les piastres des cortès ; en le contractant au cours de 80 pour cent, il l'aurait dans le fait à 50, parce qu'il sent que les piastres sont une valeur perdue par la chute du pouvoir qui l'avait créée. D'ailleurs, quel homme de bon sens voudra jamais admettre qu'un gouvernement qui reconnaît une dette et n'en paie que les trois quarts, fonde par-là son crédit? S'il est riche, pourquoi ne paye-t-il pas? S'il est dans la misère, comment se fait-il qu'on lui prête encore? On lui prêterait cependant ; nous verrons bientôt ce qui s'ensuivrait.

L'Espagne, sans reconnaître les emprunts des cortès, trouvera-t-elle de l'argent? Il faut scinder la question. Aussi long-temps que M. de Villèle lui fera obstacle, elle en trouvera très-difficilement ; mais que ce ministre abandonne franchement la résolution qu'il a prise, ou, ce qui serait plus sûr, qu'il vienne à disparaître de la scène politique ; l'Espagne trouvera immédiatement à contracter un emprunt, il y aura concurrence pour le lui offrir, et l'on peut être assuré qu'elle fera honneur aux engagemens qu'elle aura pris. Ses ressources sont plus étendues qu'on ne le croit communément, et il y a dans le caractère espagnol une fierté, une disposition à satisfaire à la parole *volontairement donnée*, qui équivalent, pour ceux qui connaissent le pays, aux garanties les plus solides.

Quant à une coalition de banquiers pour empêcher un emprunt royal de s'effectuer, c'est une chimère. M. de Villèle tient beaucoup à accréditer cette idée ; il veut faire de la banque, et surtout de la banque étrangère, une puissance, afin de s'appuyer sur elle. Si un pareil état de choses pouvait réellement exister, ce ne serait pas sans danger pour les gouvernemens, ni certainement sans les abaisser. Heureusement il n'en est rien ; arrêter un emprunt n'est point une chose facile ; il faudrait y exposer beaucoup d'argent ; les opinions ne vont pas jusque-là. Le mécanisme de la banque est généralement peu connu, et l'on se fait une idée fort exagérée de l'étendue des moyens que le banquier, même le plus riche, peut déployer personnellement. En matière d'emprunts, ils ne sont tous que des courtiers d'argent ; ils placent les effets qu'ils ont entre les mains, et reçoivent une commission ; c'est le plus beau fleuron de leur couronne.

Ayons de justes égards pour les chefs de maisons que leur caractère personnel, leur droiture, leur probité sévère rendent recommandables. Admettons que de nos jours les banquiers soient appelés à occuper une place très-distinguée dans la société ; avouons que leur intervention est utile, nécessaire même aux gouvernemens ; mais gardons-nous bien de faire de la banque une puissance, ne souffrons pas qu'elle établisse ses comptoirs au niveau des trônes ; les banquiers les plus respectables n'ont point cette ridicule prétention, et ce n'est pas à un ministre qu'il devrait convenir de l'encourager dans les autres.

On a voulu donner à entendre que le refus constamment exprimé par le roi Ferdinand, relativement à la reconnaissance des emprunts de la révolution, ne venait pas de lui, qu'il lui était dicté. Chez quelques personnes, c'est une erreur ; chez d'autres, c'est une perfidie. Ce refus est l'effet d'une volonté personnelle au prince. Si elle lui avait manqué, il y a long-temps que M. de Villèle aurait obtenu la satisfaction qu'il désire. Plusieurs des ministres du roi, par suite de leurs liaisons avec M. le président du conseil, étaient très-disposés à faire à Sa Majesté des ouvertures à ce sujet ; ils n'ont jamais osé. M. Zéa, lors de son passage à Paris, a eu de fréquentes entrevues avec M. de Villèle ; il s'est aussi lié d'intérêt avec lui, *il avait même promis de faire reconnaître les emprunts.* Arrivé à Madrid, il s'est bien gardé d'en parler à son maître. Il a suivi la même marche que plusieurs de ses collègues, s'est fait soutenir comme eux par le ministre français, en paraissant entrer dans ses vues ; et s'est maintenu comme eux près du roi, en se déclarant contraire aux vues du ministre. M de Villèle se croit bien adroit ; mais je puis l'assurer que, dans plus d'une affaire, il a été joué bien complètement par ces Espagnols pour lesquels il affecte un dédain si superbe.

La résistance du roi d'Espagne est puissamment motivée. Sa Majesté est persuadée qu'il y va de son honneur à ne pas reconnaître les emprunts ; elle pense que sa dignité personnelle, non moins que celle de sa couronne, est engagée dans ce refus. Ce prince a solennellement protesté contre l'usurpation de son pouvoir par une assemblée factieuse ; rendu à la liberté, il n'a reconnu aucun des actes des cortès ; tout ce qu'elles avaient

fait, il s'est attaché à le défaire ; je n'examine
pas si, dans l'application, il a toujours eu raison ; mais en principe, il faut avouer que sa
conduite était vraiment politique. Si on l'o-
blige à reconnaître les emprunts, on le force
à se démentir, à condamner ses propres actes,
on l'abaisse devant ses sujets, on l'expose au
mépris de ses peuples. Enfin, on le jette
dans la position la plus périlleuse où jamais
roi puisse se trouver. C'est ce qu'il a fait dire
à M. de Villèle : «Lorsqu'on m'aura amené à
sanctionner ces emprunts, on m'aura compromis, et en résultat, l'on n'aura rien ga-
gné ; il faudra que mes sujets consentent à
les reconnaître, c'est-à-dire à les payer, et
c'est ce qu'ils ne feront jamais : les royalistes
se soulèveront contre moi, mon autorité
sera méconnue par ceux-là mêmes qui ont
aidé les Français à la rétablir ; aucun impôt
ne rentrera, et je n'aurai d'argent ni pour
payer mes créanciers ni pour faire marcher
mon gouvernement. »

Il n'y a aucun homme connaissant l'inté-
rieur de l'Espagne, pour qui ces réflexions
ne soient d'une vérité effrayante. Vainement
s'est-on flatté d'échapper à des conséquences
aussi désastreuses, en fondant les reconnais-

sances des cortès dans un nouvel emprunt ;
les royalistes ne prendraient pas le change ;
et pour être bien certains de ne pas payer les
dettes de la révolution, ils ne paieraient point
celles de la royauté ; ils refuseraient l'impôt.

Tel est le résultat dont serait inévitable-
ment suivie une mesure à l'exécution de laquelle M. de Villèle a cru sans doute sa gloire
et son honneur attachés ; car n'ayant pu
parvenir à la faire adopter, il a pensé qu'il
n'y avait plus rien à faire en Espagne ; aussi
a-t-il été d'avis d'en sortir.

Avant de prendre ce *sévère* parti, il a encore cependant fait faire des propositions
au cabinet espagnol. Le public s'est livré, à
cette occasion, à une foule de conjectures
dont la plupart n'étaient pas fondées. Si je
suis bien informé, *et je crois que je le suis parfaitement,* elles portaient sur les trois points
suivans : 1º renoncer à une expédition en
Amérique ; 2º donner une Constitution ;
3º reconnaître les emprunts des cortès. La
retraite de nos troupes est le résultat du mé-
contentement qu'éprouva M. le président du
conseil, de n'avoir pu obtenir une seule des
trois choses qu'il avait si vivement recom-
mandées à M. de Zéa ; car c'est ce ministre

qui a servi d'intermédiaire dans les négociations *occultes* les plus récentes.

Il y aurait trop de choses à dire relativement à la première proposition, pour que je prisse sur moi d'en parler dans cet écrit ; mais si tout sentiment d'orgueil national n'est pas éteint chez nous, si nous avons seulement l'intelligence de nos intérêts politiques et de ceux qui touchent de plus près à notre commerce, je tiens pour impossible que cette partie de la conduite du ministre dirigeant ne devienne pas la matière d'une enquête. On voudra sans doute lui adresser au moins cette question : Comment se fait-il qu'un ministre qui déclare avoir été obligé d'évacuer l'Espagne parce qu'il n'était pas en possession du droit d'intervenir dans ses affaires intérieures, se soit attribué celui de toucher à une affaire que l'on peut considérer comme étant européenne, et de régler, de sa seule autorité, le sort de ces immenses colonies dont l'avenir embrasse des intérêts si grands, si nombreux, qu'il n'est donné qu'à un bien petit nombre de personnes de les entrevoir aujourd'hui ?

Quant au second point, celui d'une Constitution, le cabinet espagnol a tenté de se rendre le ministre français favorable, en lui proposant l'adoption d'une mesure dans laquelle il pourrait voir au moins le désir d'arriver à un rapprochement, de trouver un moyen de conciliation. On a parlé d'un *conseil aulique*. Il eût été divisé en sections : 1° ecclésiastique; 2° des grands; 3° des provinces ; 4° de la guerre ; 5° de la marine; 6° d'outre-mer; 7° de la justice ; 8° des finances ; 9° de législation. Tous les projets des ministres eussent été soumis à la section compétente, qui aurait fait un rapport au roi, toutes les sections réunies. Aucun édit n'aurait pu être rendu sans l'avis de ce conseil, etc.

M. de Villèle examina cette proposition, la retourna en tous sens ; il y chercha la reconnaissance des emprunts ; et comme elle n'y était pas, il ne la jugea point digne d'être prise en considération. Peu importe à ce ministre que l'Espagne ait ou n'ait pas de *conseil aulique* ; il n'a jamais vu dans ce royaume qu'une seule affaire, celle des piastres ; il lui a été impossible sur ce point de faire fléchir le roi : mais lui non plus n'a pas voulu fléchir. *Voilà la seconde moitié du secret de l'évacuation.*

Le ministre ne livrera pas davantage cette dernière partie de son secret que la première.

Cependant il fallait donner des raisons au roi ; son admirable conscience, son esprit éclairé en exigeront toujours. On pourra le tromper ; quel prince est à l'abri de ce péril ! mais on sera bien coupable.

M. de Villèle se place ici sur son terrain ; il parle finances, et met en avant les besoins du trésor. « L'occupation de l'Espagne nous est fort onéreuse ; il est temps de nous débarrasser d'un fardeau qui nous pèse, ou au moins d'en alléger le poids. » Un mot d'explication est encore nécessaire.

Premièrement, l'Espagne aurait de l'argent pour nous payer, si M. de Villèle ne l'avait pas empêchée de s'en procurer. Des banquiers, *et des plus notables*, ont entamé des négociations d'emprunt ; lorsqu'ils ont reconnu (et ils n'ont pu s'y méprendre) qu'ils avaient contre eux non pas d'autres banquiers (circonstance qui d'ailleurs n'arrêtera jamais des hommes qui savent leur métier), mais un premier ministre de France, en même temps ministre des finances, ils se sont retirés, et ils ont agi fort sagement.

En second lieu, à combien s'élevaient *réellement* les charges de l'occupation ? M. de Villèle a stipulé une somme de 24 millions par an ; mais la dépense n'a jamais dépassé 15 à 16 millions (1). D'où vient cette différence de près de 9 millions ? Nous retrouvons encore ici l'affaire des 34 millions. Est-ce que nous avons voulu vendre notre protection ? est-ce que nous avons entendu lever une contribution sur les malheurs de l'Espagne ?

Les dépenses de l'occupation, réduite à ce qu'elle est en ce moment, peuvent être évaluées à 8 millions. Ainsi, c'est pour épargner une somme de 8 autres millions calculée par année, que nous laissons l'Espagne dans une situation périlleuse, que nous abandonnons tous les avantages que nous devions attendre de notre intervention, que nous brisons les liens qu'une politique habile et prévoyante aurait pris à tâche de rendre indissolubles.

Une dernière question se présente : quelles seront les conséquences de l'évacuation de l'Espagne par la plus grande partie de nos troupes ?

Il serait extrêmement difficile d'y répon-

____

(1) Pour l'excédent de l'entretien de nos troupes en Espagne, comparé à ce qu'il coûte en France.

dre d'une manière satisfaisante. Il y a en Espagne des chances pour tous les partis, des probabilités pour tous les genres de malheurs.

Le parti royaliste se flatte de sortir triomphant de la lutte où nous le laissons engagé : fasse le Ciel qu'il ne soit pas trompé dans son espoir, et puisse son triomphe ne pas coûter trop de larmes à l'humanité, ne pas être souillé par trop de sang !

Pour nous, ce que nous pouvons faire de mieux désormais, c'est de fermer les yeux sur l'Espagne : qu'y verrions-nous ? les fautes d'un ministre, des fautes énormes, et les tristes résultats qu'elles devaient enfin amener ; une disposition, inconcevable dans un honnête homme, à franchir la ligne du devoir, plutôt que d'abandonner une résolution prise, lui fût-elle démontrée mauvaise et dangereuse ; une ignorance profonde de la politique européenne et de celle qui conviendrait à la France ; de la servilité envers l'Angleterre, de l'arrogance envers l'Espagne, partout ailleurs une nullité complète.

Certes, nous devons désirer que l'Espagne se suffise à elle-même, que le trône de Ferdinand s'affermisse. Eh bien ! ce succès-là même

nous sera funeste. Nous aurons perdu tous
nos droits à la recennaissance , à l'amitié , à
la confiance du peuple espagnol. Des Pyrénées nouvelles , inaccessibles , se seront éle-
vées entre les deux nations. L'œuvre de Louis
XIV, que la fortune, propice à la maison de
Bourbon , nous appelait en quelque sorte à
accomplir de nouveau , aura été de nouveau
détruit, mais cette fois , par nos propres
mains. Après avoir jeté en Espagne 15o millions pour opérer sa délivrance , il nous faudra à l'avenir songer à garder *nos frontières du
Midi aussi soigneusement que celles du Nord;* et
la France saura tôt ou tard ce qu'il devra lui en
coûter pour avoir eu, pendant quelque temps,
à la tête de toutes les affaires , un homme de
Bourse à la place d'un homme d'État (1).

---

(1) Nous allons d'abord dépenser 3o millions pour fortifier Bayonne , et nous ferons bien. Mais quelle leçon !

FIN.

PARIS. — IMPRIMERIE DE J.-G. DENTU,
rue des Petits-Augustins , n° 5.

9 782013 188425